Rosas y Espinas

Rosas y Espinas

Juan Ramírez Delgado

ÍCARO

EDITORES

Rosas y Espinas

Copyright©Juan Ramírez Delgado 2015

ISBN-13: 978-1519355058

ISBN-10: 151935505X

Ícaro Editores

720 495 1407

www.icaroeditores.com

arturogarciawrites@yahoo.com

No existe amor en paz. Siempre viene acompañado de agonías,

éxtasis, alegrías intensas y tristezas profundas

Paulo Cohelo

Al amor

CONTENIDO

PRÓLOGO

Rosas y Espinas es un poemario escrito con la tinta de la soledad, de la soledad que aprende a convivir con la ira de la oscuridad; soledad que se sabe condenada a surcar la noche con pensamientos absurdos que rayan en el borde de la locura: pasión irreconciliable con el amor mismo.

De allí vienen estos versos. De la soledad que cuelga de lo alto de la noche fría…

Pero también de la quietud del alma.

El silencio pesa a deshoras, el poeta no puede dormir, le acecha un miedo insondable y la posibilidad de la demencia. El bardo siente morir y sabe que la única escapatoria a ese fin prematuro yace en la fluidez de un tintero nocturno, de una copa de vino, quizá. La hoja virgen espera, el poeta suspira todo el amor del universo y exhala versos. Palabras que caen, se acomodan, temblorosas, como recién salidas de una cueva fría y oscura. Palabras que desgarran el velo de cordura de la noche joven.

El poeta tiembla, suda, bebe; copa nocturna que embriaga al alma. Hay almas que le dan todo al amor. Así Juan Ramírez Delgado, quien le habla de tú al amor, quien se secretea con la soledad y juguetea con la poesía.

Los poemas aquí reunidos tienen un común denominador: un canto silencioso al amor. A ese amor que no se deja atrapar, a la eterna musa que no para de coquetear con un poeta enamorado de todas las cosas que le roban el sentido a la vida; desde las más cotidianas a las más etéreas. Cohabitan en sus versos la luna, la soledad de la noche, el aroma de las flores, el alba lastimada por el sol naciente y el ansia de vivir.

El vate mantiene un idilio prohibido con el silencio de la noche, un canto ahogado le regala vida a la hoja por conducto de una mano que ahora tiene voz, y le habla de tú al amor, lenguaje bucólico de vocablos amados. La noche ahora tiene ojos que lo ven todo, el poeta se hace eterno, y la poesía con él.

La poesía de Juan Ramírez Delgado es pues un canto al amor, al desamor, a la soledad, a la ilusión y un reclamo a la noche que termina por llevárselo todo en un abrir y cerrar de ojos. En estos versos, la voz de Juan se siente como un lamento, un presagio en la rota aurora, con la esperanza de encontrar al amor perdido, a ese eslabón que se rehúsa a llegar, a aquietarlo todo, a romperlo de tajo. Rosas y Espinas es eso: belleza y dolor; un grito adolorido y una canto al amor.

Ícaro Editores

Rosas y Espinas

Poemario

A través de los años

Hoy cuanta falta me has hecho

más de lo imaginado

tanto que tu recuerdo me ahoga

me desespera, me enloquece

tal como se necesita una droga

con demencia

no tenerte es como una daga

que se clava sin piedad en mi corazón

sin ninguna compasión

y me digo, ¿por qué te fuiste, por qué de esa manera tan cruel?

Me haces falta, mucha falta

tal vez muera de tristeza

en este vacío

tan frío sin ti

o quizá sólo sea la soledad misma

penumbra a la que le da luz tu débil recuerdo

que se mueve con el viento de la soledad.

Pero te necesito más, mucho más.

En el caer de los días del calendario

que cambia con los meses

sé que no te olvidaré por más que pasen los meses
los días, hasta los mismos años
porque yo sí te quise
y no aprendí a amarte.

Simplemente ya te quería.

Belleza de mujer

Hermosa mujer

cara de ángel

ternura de la mañana

tienes el don de Dios

de ser como la sagrada tierra

proveedora de vida

vida que es ternura en tu voz

en las caricias de tus manos

en tus enojos cuando optas por corregir

los errores del árbol

al que das vida

sin importar que en ella tu belleza desaparezca

en el espejismo de la falsedad

porque tu belleza empieza como el sol al morir la tarde

plenitud del grandioso día

hermoso arcoíris al morir la lluvia

que da la mayor grandeza a su belleza natural.

Fuiste la oruga y hoy eres la mariposa

tuviste la belleza superficial

hoy la belleza real

en cada parte que tu maternidad te ha causado

y a la cual ojos ciegos

tontos e ignorantes te desprecian

cuando gracias a Dios y a ti eres la tierra

que le da el fruto que anhela

hermosa mujer de formas perdidas

que engrandece tu belleza en cada pétalo marchito

que yo admiro sin importar el matiz de tu color

ni el canto del ave

por que al fin eres una linda mujer

después de ser madre.

Besos sabor a hiel

Con cuanta ansiedad te esperé
con cuanta, oh dios
te esperé como se espera el día
como se espera la lluvia
como se anhela la vida
como se desea morir.

Te esperé entre estos cuatro puntos vacios
esperando la limosna de una caricia
de un beso
si no llegara la gloria de entre tus brazos
a quemar las alas de mi pasión
que volar querían
en el cielo de tu fría piel.

Te quería, te amaba tanto
que mi deseo era una tormenta devastadora
que destrozaba mis venas antes de llegar al corazón
pero esta se despedazaba antes de todo
y en mil olas esta se volvía regresando al mar
las hojas cayeron como brisa del cielo

lenta con el viento

y llegaste tú

abriendo una brecha a la alegría

el invierno llegó junto a ti

un beso

copa fría e indiferente

llena de hiel

mis labios bebieron

y un ¡basta!

mi corazón por fin gritó.

Buscando tu presencia

Aun no oscurece

y mi pensamiento busca

la penumbra impregnada de diamantina

sin darse cuenta que sólo es una ilusión lo que sigue

alocados pasos cómplices lo siguen

buscando un sueño prematuro

que llena mi vida de colores

como la hermosa tarde de otoño

como alas de mariposa

cierro mis ojos

buscando la oscuridad en mi pensamiento

y así encontrarte entre mis brazos

ramas al capricho del viento

y entre ellos fundirte al cielo

beber de tu aliento

perdiéndome en el mar de tus lindos ojos

cárcel profunda

con ese embriagante néctar de tus labios

mi vida y muerte gota expuesta al sol de verano

y te amo, te amo

te amo mi lucero

mi mundo

mi sol

mi todo.

Te amo y en mi delirio

mi cuerpo a tu cuerpo entrego en los minutos

el parpadeo de mis ojos que buscan detenerte

para que no te vayas como los rayos del sol

en los brazos de la montaña

deseo amarte mil veces

sí mil veces amarte

y en mi pensamiento hacerte un nido

donde nazcan mil palabras sin sentido

para contigo darle palabras a nuestros latidos

que digan lo que no podemos decir

y en esa noche prematura que nace entre tú y yo

retener el tiempo entre nuestros cuerpos

donde nube solo es de la mañana fresca

que parte suavemente al compás de nuestra respiración.

Dos días para amarte

No sé cuántas horas fueron
las que en verdad te amé
y no sé cuántas horas te dejaré de amar
es tan turbia mi mente
que no puedo pensar con claridad
¿cómo es que te has ido así?
si solo fueron dos vueltas del reloj
dos años en un día
si la primavera aun no se va
¿cómo es que te fuiste tú?
adelantando el invierno
permitiéndole al otoño revestir las calles
con colores del ayer
cuando era todavía primavera...

Todo es tan triste y tan vacío
sin sentido y sin motivo
como todo lo que tengo en mi corazón ahora
llamándote con desesperación y al borde de la locura
la misma con la que te ame sin medida
sin límite.

Cuánto te amé,

cuándo y dónde te amé

nunca lo supiste y nunca lo sabrás,

como nunca sabrás que las flores sin miel quedaron,

el sol sin calor quedó,

el viento sin aliento anda,

y en mi interior

aquel volcán que había

que pugnaba por salir

explotar al amarte

no alcanzó su magnitud

porque amarte con mi pensamiento

fue más grande y dimensional

que todo lo imaginable en mi corazón

Te amé, sí, te amé

con ternura y pasión

sin tocar tu piel,

ni beber de tus labios la miel

que brotaba de la fantasía.

Pero te amé en dos vueltas al reloj

y dos años de un día

pero ya no estás

te fuiste como la lluvia que cayó

sin haber llegado al suelo.

El beso

Hoy besé tus labios suaves

pero inertes

fríos como una hoja de papel.

Fue un deseo de mi corazón

un impulso que no pude contener

te besé…

no dijiste nada

y yo en silencio

una lágrima.

Entrega

Voy a pensar que es mentira

que te vas

que solo es un espejismo el que te alejas

que aun vivo el embrujo

que estas en mis brazos

y que de tus labios bebo la dulce miel

que puedo conservar en mis labios

como hace la abeja con la flor

dulce néctar

sentir en mis brazos el verano de tu cuerpo

desvaneciendo el invierno

que llegó con los días de tu partida

aquel día de tristeza que te fuiste

humo en el viento

yo solo era un mar de llanto

Pero las horas cual hojas caídas de los días

con el tiempo se reencuentran

como los recuerdos y los deseos

volviendo las aguas de los ríos al mar

y puedo volver a sentir tu pelo

descansar sobre mi pecho

y tu respiración

palabras en suspiros

comas y puntos entrecortados

acompañados por un latir

desesperado por llegar a la gloria

por el camino de mis manos

que frenéticas pierden la cordura

como un corcel desbocado

y veo el cielo en tu mirada morir

entre la penumbra de tus ojos al cerrarse

y beso tu piel de seda como la sombra de los arboles

el agua del rio…

cobijo mi frio con tus manos

enredadera de pared

en mi piel…

Eres todo y más

Triste es la mañana que aparece en el día de tu rostro
hoja marchita del rosal que muere en los brazos del reloj
y en medio de toda la alegría que de mi corazón nace
se va esfumando como una nube con el viento
volviéndose amarga tristeza con el sabor de la impotencia.

Eres todo y más.
Hoy todo es oscuro.
Antes todo era claro y de mil colores
tanto que algunos no existían
solo para nosotros es que estos nacían.

En medio de esa oscuridad por nombre distancia
grito para que mi clamor a tu oído llegue
y te diga que te amo
que te amo en medio de la tormenta
de la hiel
de la primavera hasta el invierno
tu mirada es mi cielo aun sin verte, es mi luz.
y el mismo viento tu voz trae a mis oídos

como un canto de la montaña
siento tu piel en el vacio de mis manos
las que te tocan entre tanta locura.

Hoy vivo por ti, sonrió, sueño
creo y mi mente imagina ser la vida
el sol mi anhelo
es dolor
la más intensa espina que se clava
sin piedad en mi mente y en mi corazón.

Amo el ayer
quiero el presente y acepto el futuro
con la esperanza que baje la luna al rio
y crezcan las rosas en invierno

Te amo en la penumbra de mi soledad
nido y lecho a tu cariño
que en esa oscuridad de ayer llegaste
sin luz, sin calor y sin alegría
hoy eres mi sol y mi vida entera.

Esos amores

Esos amores
que pintaron de alegría
las paredes de mi corazón
pintándolas de alegría
con su luz de amor.

Esos amores que me han dado
su compañía y ternura
en ese mundo de soledad
tan frío y sombrío
como la oscuridad
me dieron la vida y la ilusión
en el desierto de mis noches
en ese caminar en calles sin sentido
brazos ajenos
besos prohibidos a mis labios
calor que calcinaba mi piel
desde la punta donde nace el sol
hasta donde duerme la luna.

Esos amores

tiernos, grandiosos y bellos

que me vieron como un vagabundo

como un mendigo

mendigando un pedazo de amor

una caricia de ternura

una palabra dulce

que me hiciera subir como una nube

cual gota de agua en los brazos del sol.

Esos amores

sueños frustrados e incompletos

que la misma distancia valía

más que ese sueño

que ese espejismo que no era otra cosa que eso:

un espejismo.

Esos amores

los quiero, los adoro como mi vida misma

como el latir de mi corazón

esos amores

que le dieron luz al mismo sol

y alegría al mismo arcoíris.

Esos amores.

Amor y espina

Amor en secreto

Amor entre espinas

con suspiros del corazón

deshojando la rosa

perfume de la mañana que es su piel

pétalo terso y sedoso que cae por un beso

por el aliento

bebiendo su aroma

que se impregna en la sangre que fluye

que corre como lava candente

quemando mi interior en secreto

encubierto por sus brazos

por su cuerpo y por sus besos

luz de verdad

espina cruel y dolorosa

que se hunde en el corazón

sin clemencia y sin compasión

por esa claridad del agua de la verdad

Nublando el día

amargando la dulzura de la miel

aprisionando tus alas

paloma cautiva

entre barrotes de lejanía

forjados por el reloj de tu ausencia

rosa, amor, secreto

espina de dolor es tu recuerdo.

Guardián

Soy tu guardián

soy el silencio, tu intimidad

tu respiración naciendo desde lo profundo de tu pecho

soy la soledad que te abraza y no te deja caminar sola

por esas horas de frio olvido.

Soy tu guardián

desde que nace el día hasta que aparece la luna

soy tu sueño, tu inquietud

la pesadilla que no te deja aun cuando sea de día

soy el viento que viola tu ventana

la oscuridad que te arrulla

el movimiento de tus labios

cuando mariposa inquieta revoloteas

soy quien no ves ni tocas

quien en silencio te ve y grita un te amo

te quiero, deseo tu oído

camino junto a ti como tu sombra

te acerco a mí como prenda a tu piel

como recuerdo a tu mente.

Soy tu guardián

y en tu sueño entro

te amo sin tener rostro

me entrego a ti con la condena de la luz

y la muerte del reloj

contra quien peleo sin tiempo, ni reglas

ni escudo, ni armas

solo tengo tu mente

por quien vivo.

Huele a soledad

Se siente la tristeza
se impregna en la piel
perfume de mujer.

Es melancolía
dueña de mi sueño
que huele a soledad
sabiendo que la quiero
que ella es mi sombra
es la luz del sol
de la luna la noche
y siento soledad.

Hay soledad que se aferra a mí
como si fuera el único en este mundo
y así me hundes la punta lacerante de tu frialdad
del inclemente vacio
dónde, dónde estás corazón, que me dejas a la deriva
las horas que pasan y pasan ahuyentando esa esperanza
de mirar nacer ese lucero en su mirada
cada mañana

al nacer el sol en la ventana de sus ojos lindos

Ven, amor, regresa

abriga este cuerpo frio

que cobijaste con tus besos en el invierno

y por ti nació el verano

aun teniendo frío en el alma

frío que hoy me congela el corazón

desde que tú no estás

esta soledad es una hoguera que me calcina

pasión que por ti se niega a extinguiese

por amor a ti en la hoguera de esta soledad.

Larga Espera

Mar rojo

tu cuerpo esperaba

a cada paso de las horas

al partir tristes por no verte aparecer

sus olas crecían marchitándose

como pétalos de rosas cortadas al azar

una hora,

otra ola,

hasta que llegaste tú

para llenar la profundad que yacía en ella

ansiosa de tu llegada

voraz como las arenas del desierto

con esos diamantes en su cuerpo

y la espera

te miré

te admiré

como la mañana que se espera con ansia desquiciante

para llenarse de ella.

Extendí la mano como cuando se dice adiós

te toqué, te hablé, y te hice soñar

como lo hace un niño
te acaricié y tímido te besé
canté interrumpiendo al silencio
te imaginé en mi lecho
buscado la gloria entre mi piel
en cada espacio de mis manos
tocando tu cielo
y buscando la miel en cada poro de tu piel
cual enredadera, fui cubriendo tu piel
como una pared hambrienta y seca
deseosa de la humedad de mis labios
por mojar tu piel que moría de ansiedad con las horas

Mar rojo
rio de hojas
palabras en silencio que besan tus oídos
lentamente, como un suspiro
anhelo que seas mía
como la arena de las olas
como las estrellas del cielo
latido del corazón
lecho mudo
hojas de amor que tu cuerpo abrazaba
mientras tus ramas de mí se adueñaban

y te amé

te ame con los segundos convertidos en sueños,

mientras tus ojos se perdían en la nada

cual voz quebrada.

JUAN RAMÍREZ DELGADO

Lobo dormido

Entre estas manos vacías como desierto
tu cuerpo camino llenando todo ese vacío
que yacía en ellas
no hubo lugar en ese universo
que mi luz no alumbrara para tenerte
en ellas

Aun siento el enervante aroma
que nacía de entre tu piel
despertando al lobo dormido
por horas del tiempo
para entre tus brazos
refugiarse como un bebé
y entre tus caricias
ser una hambrienta fiera
devorando tu aliento
el perfume de tu intimidad

era tanta la señora soledad que reinaba en mí
que tu presencia la absorbía
arena vacía mi corazón desértico
y mi corazón loco que desesperado buscaba en ti
borrar el frio que reinaba como la luz del sol
y te amé
sí, te amé con calma y paciencia
en cada movimiento de las hojas
y las ramas en el viento
y te amé, te amé

te hice mi mayor necesidad
y otra vez te amé con la miel
y la ternura del amanecer
me embriagué con tus besos mi mente
y con tu entrega embrutecí tanto
que la soledad huyó
y entró la alegría por mis venas
para amarte y de ti llenar cada espacio en mi piel del mismo sol
y tu piel mis manos llenaron
y esa infinita cascada en mi pared fue imparable
y como nube caída
te fuiste sin prisa
llegó el invierno
y la oscuridad reinó.

JUAN RAMÍREZ DELGADO

Mi lecho

Ya ha amanecido y el sol aún no ha salido
y despierto me han encontrado
sus rayos de luz que besan el cielo con timidez
siento que algo no está bien en mí
que algo dentro, muy dentro quiere salir
pero no, no lo dejo
aun cuando siento que un mar quiere hundirme en él
miro mi lecho con gran tristeza
desordenado, abandonado, frio y ansioso
haciéndome mil preguntas
como se las hago a mi corazón
después de que te fuiste
así sin decirme nada
de la misma manera como se va la primavera
lenta y en silencio cuando llega el otoño
llega de nueva cuenta esa soledad, ese vacío que siento
más intenso al tocar con la mirada cada espacio
cada rincón de nuestro lecho
de mi habitación que llenaste de tu presencia
esa que muere conmigo
ahora que busco el aroma de tu perfume

que tenías para impregnar de tu presencia

de tu cuerpo.

Lleno mi mente de viejos recuerdos para poder sobrevivir

y no morir así

pues quiero vivir

para llenar mi mente de cada parte de ti

de la gloria y el infierno que me diste

al hundirme con ese adiós inesperado

estaca cruel y despiadada que se hunde

como el sol en las montañas

antes de morir como muero yo

por ti miro el lecho con la mirada

lo acaricio con mis manos como lo hice ayer

y beso la almohada con frenesí

cayendo de bruces sobre de ella

solo para sentir la soledad que duerme en ella

y que me dice que no volverás

que ella será mi compañera.

Olvido

La mujer que yo amo tiene cara de cielo y ojos de mar
tiene enredaderas preciosas y negras como el cielo
es una mujer con cuerpo de rosa y fragancia de amanecer
que llena mis sentidos como la vida al corazón.

La mujer que yo amo tiene luz en sus ojos
y arcoíris en sus labios
pétalos de rosa
es linda como las estaciones del año.

La mujer que yo amo tiene la distancia en su aliento
y me llena de tristeza cuando me habla
pero me abraza con cariño
gran ternura inimaginable en mi mente.

La mujer que yo amo
gran tesoro que la vida me dio
es la mujer de mis días, de mis noches
de las horas, de mis pensamientos
de cada latido de mi corazón
por eso tengo primavera en mi corazón

ella es la mujer que me conquistó

ella es una margarita.

Oscuridad

Sombra que cubres con tu manto el frio cielo
que haces la magia de brotar luceros y ocultas el sol.

Sombra que llamas al sueño

y a la magia de la irrealidad

magia interminable

como la distancia

oscuridad amiga y enemiga

que quiero y a veces odio

que vienes y te vas caprichosamente

sin voz ni mando

oscuridad, negro marfil que llegas a mí

al morir el sol en mi habitación

entre estas cuatro paredes frías de invierno

carentes de verano

donde se hace presente el otoño

deshojando mi mente

en tantos recuerdos durmientes

productos de un romance

con el lápiz de la primavera.

Rosas y Espinas

Oscuridad que me llenas de miedo

de deseo y gloria

que me hundes y me hundes

sin más ni más

para buscar la luz de esos ojos

lindos como el sol

profundos como el mar

y tiernos como el alma.

Oscuridad que te mueres

en los brazos del sol

y me dejas el sabor de la alegría

de volver a escuchar su voz

con el nuevo amanecer

oscuridad.

Pasa corazón

Pasaste indiferente
llenando de fría escarcha mi corazón
una tormenta gris y espesa cristalizó mi mirada
que empezara a amanecer llena de neblina
yerba moribunda.

Al verte pasar en gran mutismo
mi corazón decía: ¡alto, alto!
con el débil golpe de su palpitar
y aunque no me quieras
déjame contemplar la luz de tus ojos
seguir la huella de tus pasos
sin importar que no voltees
siendo solo una yerba silvestre
que tu belleza contempla cada mañana
al caer de las horas lentas del tiempo
y ese desquiciante deseo
de la magia de verte aparecer como la aurora
con el aroma matinal de las flores
como de los labios la oración o la esperanza
que llega sola y sin pedir

y compasiva la nostalgia

abre sus brazos

y me da la dicha de tu presencia

del calor de tu fría mirada

témpano de hielo

donde muere de indiferencia mi corazón

escarcha acumulada por el maldito invierno

que respira y me condena a morir

viéndola pasar como las horas de ese reloj

adorno de la pared que miro, miro, miro…

por verla aparecer.

Quererte siempre

Te he querido en plenitud
como nadie jamás podrá querer a nadie
te quiero con el dolor que causa una separación
con ese sabor amargo y doloroso
que llena el alma de vacío y soledad
quererte otra vez del tiempo
de esa distancia
de todas esas hojas que caen
como rayos de arcoíris
sobre las hojas de los arboles
en cada cumpleaños del año
quererte como se quiere un sueño
y atraparte ahí sin dejarte ir jamás
sentir tu corazón latir a la par del mío
bañándome de tu cariño
como con el calor del sol cada mañana
quererte mirando el reloj
que cruel se vuelve en su breve caminar
te quiero besando mis recuerdos
abrazándolos y amándolos
como mi último aliento.

Rosas y Espinas

Te quiero por ser el pilar de mi existencia

por darme la vida en ese lucero

que brilla en el cielo oscuro

profundo y distante

al que miro pocas veces

donde no existe el tiempo

y la distancia es el sueño

y el espejismo que se desvanece

con tu recuerdo cobijándome

de ese invierno crudo y cruel

de estar sin ti, de vivir sin ti, de querer sin ti

pero te amo, te amo, te amo en la distancia

en el tiempo, en el cielo

entre estas cuatro paredes viejas y carcomidas

que renovadas son por los matices de tu recuerdo

por eso te quiero

por quererme en tus sueños

por tu intensa espera

por ver el sol nacer en la oscuridad

y la luna surgir en tu esperanza

como nace el agua en la roca

como nace una flor y el sol de la nada.

Sangre India

En mis venas corre sangre
color de tarde herida
por los rayos del sol
crepúsculo de mi tierra
tierra mexicana
tierra de orgullo mexica
de indio indomable
con casta de coraje
linaje de emperadores.

Un rey conquistando el mundo mío
conquistando mi propia tierra
mi propio mundo
soy color de tierra
soy eclipse lunar
el mismo sol
abro el surco en tierra árida
donde se busca el maíz
que se pierde donde todo es fantasía
espera de la lluvia anhelada
soy Mexica con mucho orgullo

soy de todos lados como el viento

como el águila, las nubes y los ríos.

Es mi orgullo ser indio

pintar de colores la tierra

con los colores del arcoíris

de las flores, de las yerbas

de los nopales

soy indio Mexica

con el orgullo del sol

y aun cuando esté navegando en mi tierra

en barca herida

mi sangre india

con orgullo será el águila

que vuele más alto que las nubes

para conquistar mi propia tierra

tengo mis garras quebradas

mis alas cansadas

y mi plumaje deshecho

hasta la vida pendiente

sol moribundo y orgullo de indio

indio de corazón azteca

con el coraje de un tigre

de un águila

de un simple campesino que labra su tierra
con el coraje de ver el fruto aparecer.

Corre el tiempo por mi cuerpo
y los días pesan como mi escudo
mas no caigo soy orgullo
Mexica con los colores de mi tierra
Y la grandeza de las águilas.

Segundos y horas

Son mil horas las que han pasado
un millón de segundos los que se han ido
como una enorme cascada sin parar en mi vida
mi pobre vida que sin ti se ha ido extinguiendo lentamente
como la aurora con la luz del sol
y no, no me he dado cuenta como ha pasado el tiempo
solo las hojas que caen de los arboles llenando el vacío de la nada
me dicen el tiempo que estoy viviendo
en su camino sin sentido
es increíble que puedan decir tu nombre
con su rumor seco
sin tu nombre que no he olvidado
y no lo haré porque te quiero
y en las horas pasadas y los segundos caídos
me dejaste huellas que se hicieron lentamente
con ese amor que grabaste en mi corazón.

Las hojas caen sin parar
y las ramas desnudas quedan
como un recién nacido
por el otoño que cae

pareciendo reverenciar

al invierno por llegar

y yo te recuerdo una vez más

con ese frio de invierno

mis labios pronuncian tu nombre

con calor de verano

por que aun te quiero

con amor de primavera.

Miedo

Es un viento frio y cruel

que adueñarse de mi vida quiere

es invierno, tal vez soledad

o sentimiento que anidar desea

en la primavera de mi cielo

tengo miedo

sí, miedo

a perder la luz del sol

las estrellas del cielo

o hasta los días de mi vida

tengo mido de perder mi ángel

mi arcoíris, mi luz, mi compañía

mi mismo aliento de vida

las cosas nacidas de la penumbra

son el viento que rompe el hielo de mi circulo

que en la nada se pierde

como el humo naciente de un cigarrillo

o el perfume de una flor

embriagando al viento vagabundo

magia, hechizo, sueño desesperante

deseo de vivir por primera vez

lo que siente el cielo

calor del sol al besar su piel

tengo miedo

me inclino en medio de la penumbra

de la soledad que me invade

cuando no está esencia

iluminando mi intimidad

la que muere si no está

amanece día a día

cierro los ojos y aparece como un lucero

en la inmensidad de mi mente

que se seca como hoja caída

como gota al viento

como un despertar

el mismo que despierta los latidos de mi corazón

para no dejarla escapar de mi recuerdo

porque la quiero

y tengo miedo

de perderlo todo.

Soy tu ángel

Yo soy tu ángel

estoy contigo cuando no me ves,

y sufro cuando sufres tú,

aún sin que me veas tú

no es necesario que me toques para saber que estoy ahí,

sólo piensa que estoy a tu lado

y tu mente me hará materia viva para ti.

Soy el ángel que cuida tu mente

de las cosas malas que puedan entrar.

Soy tu ángel que te quiere, que te ama, que te adora.

Soy el sol de tu habitación,

soy la alegría en tu soledad y la luz en tu penumbra

soy quien ha protegido tu mente mientras estas ausente

porque Dios así lo ha querido.

Soy tu ángel y quiero ser tu ángel

hoy mañana y siempre.

Bajo el sol y la lluvia quiero ser tu ángel

caminar junto a ti sin cansancio ni fatiga,

quiero verte sonreír todos los días,

y verte dormir todas las noches

y estar allí al amanecer

como el sol de la mañana.

Soy tu ángel

quien está contigo,

quien duerme contigo,

quien habla contigo,

quien va contigo

quien sufre contigo todo,

todo como la brisa del viento,

como la sombra del árbol

como la gota de lluvia,

como un sueño, un hermoso sueño.

Soy tu ángel.

Tengo miedo

Es un viento frio y cruel
el que adueñarse de mi vida quiere,
es invierno, tal vez soledad,
que anidar desea
en la primavera de mi cielo.

Tengo miedo, sí, miedo,
no a perder la luz del sol,
ni las estrellas del cielo,
o los días de mi vida,
tengo miedo de perder a mi ángel,
a mi arcoíris, mi luz, mi compañía,
mi aliento de vida,
las cosas nacidas de la penumbra
son el viento que rompe el hielo
de un circulo que en la nada se pierde
como el humo naciente de un cigarrillo,
o el perfume de una flor embriagando al viento vagabundo
es la magia, el hechizo, el sueño
el desesperante deseo de vivir por primera vez
lo que siente el cielo cuando el sol besa su piel.

Tengo miedo,
me inclino en medio de la penumbra de mi soledad
que me invade cuando no está tu esencia
iluminando mi intimidad
esa que muere si no estás.

Amanece día a día
cierro los ojos y aparece en mi mente
como un lucero en la inmensidad de mi mente
que seca como hoja caída,
como gota al viento,
como un despertar
que despierta los latidos de mi corazón
en un afán de no dejarla escapar de mi recuerdo
porque la quiero
y tengo miedo.

Tu sueño

Duerme mi estrella

duerme placida en los brazos del rio

mientras escucho la voz del viento

decir tu anhelo más profundo

duerme, duerme

no despiertes estrella fugaz

que mi oscuridad de ti depende

para no estar en la penumbra de la soledad

aun cuando el lucero brilla

duerme, sí, duerme

déjame sentir tu presencia como lo hace el rio

y el cielo azul oscuro y vasto

duerme como todas las noches en los días

deja que tu luz encuentre mi pensamiento

y con ella esté cerca de tu presencia

para tocarte y de ti llenarme las manos

mi corazón que palpita llamándote

como el fuego al calor

o el amor a la entrega cuando se ama.

Duerme, duerme, no despiertes

que el tiempo sea humo
y parta en la magia de la ilusión
mi estrella fugaz
brilla como el sol
y en mi oscuridad la luz de tus rayos
mi destino sea un amanecer
y la oscuridad de mi casa
para que llegues a vivir en mi pensamiento
recuerdos de luz.

Duerme, sí duerme como cada noche
bajo la luz de los luceros
y de esa hermosa luna llena
que cubre tu sueño
con ese mágico sopor de ilusión
duerme y déjame estar ahí, ahí junto a ti
hundido en la penumbra
donde jamás me ves
pero donde estoy siempre
como la estrella menos vista por ti
duerme, duerme mi flor hermosa
que soy el viento, el silencio, la soledad
y la nada que está junto a ti
en tu dulce sueño.

Hoy me pesa más la soledad

es como una losa tras de tu partida

la breve primavera fue abrazada por el otoño

y deshojó todo lo lindo que habíamos vivido

solo quedó una gran alfombra de recuerdos de mil colores

como el arcoíris de nuestras sonrisas.

Hoy bebo tragos amargos a tu recuerdo

se resecan mis labios que tanto besaste

los mismos que envenenaste con esa dulce miel

que brotaba incesante de ellos

llenaste toda mi vida de tu ser

de tu mundo, de tu misma piel

y hoy vivo con el peso encima de mi corazón

que no sabe qué hacer

ni cómo poder tu raíz de mí arrancar

sin hacerme más daño

sin llorar ni volverme loco.

Ahora que te has ido y tu partida es irrevocable

una tormenta devastadora me destruye alma y corazón.

y la noche me llena de tinieblas

para ver si así te puedo olvidar

en ese embrujo negro marfil

tu cruel adiós a este amor

que por ti nació

y hoy muere de frio, así como así

sin que tú te des la vuelta atrás

ni tu voz mi nombre pronuncie

te vas hoy de mí…

Eras la tormenta que caía engañosa

destruyendo todo mi mundo

hoy vivo la soledad como otras veces lo hice

más amarga y cruel que un adiós

puñal frio de invierno hundiéndose despacio

sin compasión

te vas para nunca más volver

a pesar de mi dolor y la imploración de mis labios

y del amor que te entregué en los días de invierno

de tu soledad para quitarte ese frio

intimidad

pero te vas de mí

es mi destino...

seguir sin ti.

Un día de abril

Hoy que está nublado
que el cielo está sintiendo
lo que siente mi corazón
llora antes que lo haga yo
para unir su llanto al mío
al recodarte cariño mío
porque te quiero tanto
que la tormenta me sacude
como a una palma
furia devastadora.

Mas te quiero y en tu recuerdo
mi amor encuentra refugio
esas nubes oscuras
espesas y enormes
cubren mi corazón y alegría.
Cada que no te tengo junto a mí
el sol pierde su calor
su bella luz
y al estar sin ti
agonizo.

Rosas y Espinas

Moribunda tarde
en los brazos del tiempo
que guillotina su débil vida
y yo pensando en ti
recordándote y buscándote
en cualquier espacio de este mundo
sin que dejen de caer las hojas de los árboles
mirando brillar las estrellas
y mirando pasar lentamente las horas
en el cielo infinito
porque te quiero, te quiero
te quiero y te querré
así como la lánguida luz moribunda
débil y tenue
pabilo de la vela que se niega a morir
y la abraza con su luz.

Así te quiero yo
muriendo en soledad
en los matices de tristeza
de estar sin ti
pero me aferro a ti con el calor de ese amor
que nació entre los dos
un día de abril.

Vino de tu piel

Hoy beberé del vino del recuerdo,

de lo que pasa entre besos,

la luna y el sol,

es embriagarse del placer de ser uno solo,

de pertenecerse con la misma esencia de las flores,

de las olas en la playa,

de la luz en la oscuridad,

del viento con las flores,

de tu pensamiento con el mío,

mi corazón.

Cuantas veces tuyo cuantas veces mía,

sin mis manos, sin mi aliento,

sin mis besos, sin mi piel.

Eres mía como las estrellas del cielo,

las horas que se van, lo hacen tristes y lentas

en el camino del tiempo

frustradas de no presenciar nuestra intimidad,

nuestra entrega en el lecho de la nada,

entre cantos de tus labios, vida mía

cantando a mi oído como calandria a la primavera.

Hoy mi embriaguez es el vino de tu imagen
siempre viva en mi pensamiento
en mi corazón donde anidas noche y día
es un delicioso vino tu recuerdo,
embriagante y alucinante
para en mis brazos poder tenerte
y amarte sin límites,
sin barreras, sin final,
perder los sentidos que existen
con el vino de tus labios
y llegar a la gloria en tu piel
copa embriagante que bebe mi misma piel
para amarte mi bien.

Nuestro tiempo

Sin ver mi pasado ni mi presente
he ignorando mi futuro,
me dejé llenar de frío
de soledad y de tristeza
para contigo calmar todas esas ansiedades.

Me moría de sed y en tus labios
el oasis anhelado encontré
llenaste de alegría cada hora
cada instante que pasaba
cada día cada hora
sí cada hora
transformando todo a mi alrededor
sin dejar nada a mi deseo
te amé mirando al cielo
me entregué a ti con una palabra
y fuiste mía en mi sueño más pequeño
bese toda tu piel, tus manos, tu rostro, tus labios
besé tu vientre y la gloria cayó en la brujería de tu cuerpo
siempre te amé, te amo, y te amaré.

Cuando llegue esa dama con su vestido lleno de diamantina

cuando el reloj tartamudee y nuestros tiempos se junten

seremos playa y mar

seremos dos almas buscando ser una sola

en un suspiro, en un pensar

una ilusión es estar juntos

en un solo tiempo:

el nuestro.

JUAN RAMÍREZ DELGADO

Todo pasará

Te fuiste así
sin palabra alguna
envuelta en tu maldito orgullo
ese orgullo que es más fuerte que esto que sentimos.

No me diste ni una explicación
fuiste más fría que el invierno
y más devastadora que un huracán
todos los sueños fueron castillos de arena
construidos en el vacío, en nada.

Mil horas pasaron junto a la luz de una vela
junto al silencio y la oscuridad y entre suspiros y anhelos
llegaba la magia de soñar siempre, siempre
la realidad de esos sueños pero no
nunca llegaron y hoy
solo la hiel humedece mis labios
el insomnio es la luz de mi cuarto frio.

Palabras tajantes y cortantes
llenas de matices desconocidos para nosotros

se tiñeron de colores fuertes que lastimaron nuestros corazones

pintándolos de dolor.

hoy ha sido triste

el día está nublado y yo sólo en mis recuerdos

mirando la nada, esperando las horas que pasen

y con su paso llegue el olvido

y cuando llegue el otoño

se lleve las hojas de mis lágrimas

antes de que llegue el invierno

y las grabe en mi rostro,

olvidar, olvidar no es fácil

jamás ha sido fácil

pasarán noches negras

que me hundan en un abismo en el cual me pierda,

llegarán días eternos para vagar sin rumbo

pero sabes, todo pasará

sí, todo pasará.

Mi desvelo eres tú

Hoy el insomnio me ha mantenido
acompañando a la penumbra
estoy anhelante de mi sueño para amarte
penumbras que se fueron como nubes en el cielo.

La oscuridad negra, dama, me abraza, me acaricia, me besa
me posee a su capricho y yo solo una hoja en sus brazos soy
las horas pasan en una lluvia interminable
que destroza mi mar tranquilo
transformando mi quietud
en impaciencia que me enloquece, que me mata.

Insomnio, ave que anida cuando duerme el sol
y vive junto a la luz de de la luna.
Duerme, oh parte, pero deja mi sueño entrar
que la deseo amar
quita el frio de su ausencia
añoro en mis brazos tenerla, como esa sombra nocturna
sentir sus labios y ese sabor dulce en la inconsciencia
sentir que mi cuerpo vive su entrega de verano
aunque sólo exista el invierno frio y cruel de saber

Rosas y Espinas

que solo el vacio y la soledad me acompañan

penumbra espesa de la realidad que es una estrella

infinito y miel de mi sueño

razones para amarla sin mirar el tiempo

y si existe la luz de una vela en el corazón

esperanza de tenerla un día de luz

despertar de mi vida

atraparla como la luz del sol ante mis ojos

y amarla una vez, o dos, tal vez mil

mis brazos fríos como el invierno

vacios como el universo mismo

pero la espero

la esperaré en este insomnio de soledad.

No te vayas

El día se encuentra triste
y mis pasos cansados al morir la tarde
habiendo nacido el día, anda mi pensamiento
en el camino de los recuerdos que hiciste tú
llenos de flores, de miel, de sueños
de palabras Te amo, te amo, te amo
que ahora es miel y hiel
tristeza y soledad que amenazan con llover
hundir mi corazón en la soledad y la tristeza

oh, dolor que penetras sin permiso y ahogas mi alma
en tus besos de invierno donde desearía congelar tu imagen
tu alegría, la mañana y el arcoíris de tu ser
que me regalas tú sin merecer
como una estrella al cielo su luz
como las flores al viento su aroma
y tu recuerdo a mi suspiro
un vacio en mi corazón es la lanza que apunta en espera.

Hoy te amo como ayer, como hoy, y más que antes que llegaras,
No sé ver, no sé vivir sin ti

perderte hoy es una vela en medio de la oscuridad
ante el viento del miedo por extinguirse no, no, y no
no quiero que te vayas antes del amanecer.

Llegaste otoño

De la nada llegaste un día

como una estrella fugaz cruzaste mi cielo

fuiste semilla que mi corazón abrazó

fuiste el paño a mi soledad

fuiste el viento que se llevaba cada momento de tristeza

fuiste el inicio de un cambio que quedó truncado y pendido en el por
qué

fuiste el lucero que en medio de la oscuridad brilló para guiarme
siempre

mi sueño yendo conmigo a cada luna

fuiste la esperanza de una vida extraviada sin sentido

vida vagabunda siempre entre flores, cantos, colores

destellos de dulzura…

Fuiste la realidad en mis sueños

la fantasía hecha verdad

aquella que podía vivir y tener conmigo

sin estar presente

bastaba pensar en ti para que todo sueño fuera más que verdad

fuiste mi despertar, mi reloj, mi espera

la prisa, el imán de escucharte, de ir hacia ti, sólo hacia ti.

Rosas y Espinas

Fuiste tantas, tantas cosas y hoy la soledad cubre mis labios
esa soledad que llegó, acechando el momento de volverme abrazar
es difícil respirar con la indiferencia ante la alegría presente
y cantar con el dolor en la garganta
sollozar como lo hace ese amanecer lluvioso
grande es mi vacío sí, muy grande.

Las hojas que cayeron con el aliento del otoño
dejaron los árboles desnudos
en tanto el perfume de tu presencia
me cubría hasta el mismo corazón
tiempo atrás no se puede dar, no se puede detener
caminaré sin ver, sin hablar, iré y diré tu nombre
me dolerán los recuerdos que esto me traerá
porque tengo vivos los días de sol, de luna
el rumor del rio, la voz del viento
hasta el mismo calor de verano siendo invierno…
y aquí estarás como tatuaje en mi alma
como un latido en mi corazón
el mismo que cambió su latido
por decir tu nombre.

No sé

No sé
No sé por qué me tiemblan las manos cada que te encuentro
Si siempre he sido un pajarillo que le canta al amanecer con alegría
pero al verte, no sé en verdad qué hacer.

Eres tan linda, tan hermosa
como aquella mariposa que va de flor en flor
y me faltan las palabras para hablar
porque tiemblan mis labios al verte llegar
juro que hay momentos que me invade el miedo
siento miedo de mi
quiero cerrar los ojos para no volverte a mirar
pero no puedo porque tengo ese deseo de verte más
y más, y más
ayer, ayer que no te vi sentí dentro de mí
morirme de ansiedad por no verte sonreír
y me sentí el más infeliz
y tengo miedo, mucho miedo de tu mirada
quiero decir lo que siento y mudo me quedo
para no sufrir y me digo yo que debo callar
bloquear mi mente, cerrar mi corazón

para no pensar más en ti.

Ahora ya no tiemblo
ni tengo miedo
ya teas marchado
y todo a vuelto a ser normal
mi corazón ha vuelto a latir
Sin mesura alguna quizás.

Tal vez mañana volverá con el amanecer
y la vea en el sol, en el rocío, en la flores
en el cielo o en el silencio de la aurora
para no ver su mirada que solo ha hecho
temblar a mi alma.

Increíble

Es increíble cómo pueden volar las hojas con el aliento del viento
como el arcoíris nace con la lluvia
el sol se tape con las nubes
y el aire se perfume con el aroma de la flores
pero más es como te recuerdo, como te extraño
cuanto te amo.

Increíble es soñarte y sentirte cerca estando tan lejos
y oír tu voz en el mar del silencio
siendo este tan profundo.

Pensar en ti y sentir que estás aquí conmigo
es motivo de alegría que llena de calor mi alma
que sin ti muy fría es.

Es increíble cómo pasan las horas
Y que de mi corazón tú no te salgas
que estés donde voy y seas parte de mí
y en aquellas noches frías de insomnio
me acompañes y te desveles
junto conmigo ante el calor de una vela.

Rosas y Espinas

Para vivir juntos los recuerdos

De nuestra vida de ayer,

Donde con ternura te pude amar

Porque amarte es querer lo que se odia

buscar lo que no hay

ver lo que no existe y ser lo que uno no es

tan solo por ser el más grande ante ti

que lo más y más increíble es seguir amándote así.

JUAN RAMÍREZ DELGADO

La espera

No quiero dormir
deseo permanecer despierto
en la habitación de mi pensamiento
espirándote
verte llegar por aquella puerta estrecha de mi memoria
abrirte los brazos y acunarte en ellos cariñosamente
diciéndote que te estaba esperando con ansiedad
que ya he apagado la vela que alumbraba
el interior de mi habitación
para cubrirte de sombras y no te vean llegar las estrellas
ni los luceros de la noche.

Después de trotar suavemente
el corcel del tiempo cabalga infatigable
ante mi impaciencia
al no verte llegar y miro hacia el cielo
y me pongo a contar cada estrella
que lánguida apaga su luz agonizante antes de morir
como mi corazón muere al no estar tú aquí
y siento querer dormir a cada hora
más y más aun cuando el tiempo no he sentido pasar

ante la noche que ha sido larga ante mi espera.

Y sigo aquí…
no he querido prender aquella vela
que ahuyentara mi oscuridad
que muy a mi pesar
la verdad alumbra más que ella
y veo la realidad con tristeza
que no llagaste
y no creo que llegues
pero cada noche sirve para reafirmarme cuanto te amo
que si no llegaste hoy, algún día lo harás
mas no encontrarás aquella vela que fue mi compañera
sino una verdadera mujer
que me dio su vida entera.

Viaje otoñal

Escucha y ve las hojas que arrastra el viento
Como si jugara con ellas
muchas, muchas de ellas en un remolino de emociones
pero solo una será sentida por tu oído llamado corazón
que fue rodando en la alfombra de la ilusión.

Ve como las rosas quedan desnudas con la mano del otoño
quien baja su vestimenta delicada y suavemente
hasta hacerle llegar a sus pies
donde brevemente reposarán esperando
el otoñal viento que las hará viajar
a un invierno frío de soledad
como está mi corazón desde que te marchaste.

Escucha una vez más el paso del viento
en esas hojas que te dijeron mil veces cuanto te quiero
encontraras matices diferentes de su voz
diciéndote que fue difícil estar sin ti
que me quedé sin el sol y me faltó la luna
y el invierno llegó
congelando los latidos de mi corazón.

Rosas y Espinas

Pero el otoño se llevara las hojas caídas

y hará caer más, muchas más, de diferentes colores

y en este rincón vacío que tengo

con esas hojas lo llenará

y por más que tú vuelvas

no encontrarás nada

y la voz que escuches sí llegará a tu oído

te dirá solamente que vivirás de los recuerdos

de haberte querido.

El lecho vacío

Te he amado en silencio
teniendo como testigo al sueño
en mi lecho de ilusión.

Y te he amado con la lentitud con la que pasa el viento
cual si fuera tu cálido aliento que respiro

como al perfume de una hermosa flor en mis sueños de placer
te he amado una y otra vez

con un gran nudo en la garganta
a punto de explotar de dicha
o de dolor que puede ser el despertar
y mirar que solo estoy
y que solamente un sueño había sido
y que se ha perdido en la realidad
donde el haberte soñado era ilusión
el lecho que el amor había olvidado
dicha concedida de haberte amado
con ansiedad, delirio, desesperación y locura
y el miedo de perderte de mis brazos

ROSAS Y ESPINAS

me aferré a mi sueño y te llevé a mi lecho de besos y caricias

he hice de tu cuerpo mi piel y de tu corazón mi latir

llenando este lecho vacío

que solo aclama tu presencia

en la magia y en la neblina

de mi sueño.

Ansiedad

Ayer, cuando el atardecer cubría de sombras mi habitación

me puse a pensar una vez más en ti, corazón

no sin sentir un gran vacío que a mí llegaba

a falta de tu compañía

sentí una gran ansiedad que estaba al borde de la locura,

locura que quería yo sentir

porque me hacia delirar y poderte amar así

sentir cerca de mis labios tu sutil aliento

aquel sabor de tus labios

y el calor de tu piel cerca de mi

pudiéndote amar así como a todas esas cosas bellas

y tocarte con amor

como al pétalo de una flor

y amarte al compás del reloj

perderte en mis brazos

y yo en tus ojos de dulce mirar

que no puedo ya más olvidar.

Encuentro

Mirando a través de la cascada de tus ojos

un brillo de alegría quise descubrir

pero como un arcoíris

en el espejo del rio la perdí

era la primera vez que los veía

como agua que nace entre las manos de la roca

se iba dejando un espacio en el cielo azul

en donde le buscaba y creía la encontraría

pero una sombra a mi corazón cubrió

y triste me sentí porque nunca ahí la encontraría

todo era tan incierto, tan nebuloso

que no sabía en realidad qué podría encontrar allí

mas aun cuando me negaba a ver en ese espejo

que tartamudeaba al mirar cuanto, cuanto quería ver en ellos

tanto que al tiempo desafiaba

al esperarte por ese camino sin fin

qué maravillas encierran

o qué dolor los cobija que ajeno a eso soy

y de lo que yo quisiera empaparme como una flor

con el fresco rocío

y vivir cada día a su lado

siempre,

siempre a su lado

continuar con esa lucha

de descubrir en la profundidad

todo el misterio que guarda su mirar

y estar junto de ella

como su guardián.

Tú y yo

Siento el viento correr sobre mi piel

cual suspiro de tu pecho

escuchado por mi corazón que late

y vuelve a latir

queriéndose salir de mí pecho

cada que de ti se acuerda

y se llena de deseo

al querer sentir tu entrecortado suspiro en mi oído

el calor de tu piel quema mis manos

al caminar por tu delicado cuerpo

por el que volví a vivir.

Después de la tormenta que el cielo ha dejado caer

Sobre mí en forma de cariño, amor y ternura

Y saber cuántas cosas hay en tu mundo de ser

en donde yo quiero entrar

contigo andar de nuevo

en el camino que el destino puso para los dos

continuar sin parar todas las horas que le resten a nuestra vida

una noche y otra más

y las que lluevan en nuestro lecho

que aún con tu cuerpo y el mío

siempre está frío y vacío

porque no está la luna ni el sol

niel verano llega al parque

las hojas caídas de nuestras labios

no se fueron al llegar la soledad del invierno

amargo sabor ansiedad…

Las estrellas murieron

la luna se ocultó tantas veces que me olvidé de ella

pero el sol salía las veces que ella lo hacía

y el día esperé, sí esperé que cayera y llegara la noche

y fueras de ella mi estrella.

Girasol

En un terreno lleno de color sofocante

Nació como un bello día una flor

Con pétalos matizados por el sol

de color dorado y perfume de jazmín

al nacer y de rosas al partir

dejando un extraño sentimiento de nostalgia en mi corazón

cuando se va

como el día al caer la tarde

sin saber si le vuelva a ver otra vez

aunque de calor me muera

y que dios me dé la dicha

de verte nacer en un nuevo amanecer

con tu hermosura

linda flor de pelo color trigal

que llegaste cuando nace el sol.

Tu llegada

Esperando tu llegada en mi lecho
Yo estaba lleno de anhelo, de ansiedad
mi oído estaba alerta a cualquier ruido familiar
que le indicara tu llegada a mi intimidad
donde solo me encontraba
hundiendo la mirada en la penumbra
donde unas siluetas danzaban en el cielo de mi morada
ocasionadas por la luz de una vela
que acompañaba a un floral.

Las horas fueron pasando lentamente
alargando aquella espera que no llegaba
aquél corcel que galopaba inquieto dentro de mí
cambió su paso por uno más lento
aquellas horas que partían les hablé y les dije
que no se fueran
que aun tenía la esperanza de que llegaras
pero sordas y crueles poco a poco se iban dejándome
en el mar de oscuridad
donde me hundías cada que te ibas.

Un tesoro

Que frio es mi espacio cuando no está ella

y que solo me siento cuando no está a mi lado su presencia

soy una brújula que no encuentra dirección alguna

mi andar vaga de un lado a otro

como el viento

buscando algo que me haga sentir

que ha estado aquí

dejando en mi espacio

el aroma de su piel por cada espacio de él

para no liberar la cascada que llevo dentro de mí

y vivir una vez más aquel sabor ya olvidado

que pensé no volver a saborear más

pero si eso es lo que tanto he buscado

y lo que encontré para sentirla cerca de mí

besaré mi soledad y mi mente amaré

como el tesoro más querido

por tenerla junto a mí porque la amo, la quiero tanto que,

hasta en la oscuridad ella brilla más que los luceros

más que el sol, y su aliento quema mi piel

cada espacio que existe en mi

ella lo cambia todo

ella es mi mundo

 mi universo y su esencia en mi vida

la misma que no es mía

desde que ella se adueñó de mi corazón

ella es mi tesoro.

Sin salida

Cuando la nostalgia entra por la puerta
y la tristeza por la ventana
no hay salida para escapar de tu sentimiento
que va conquistando cada rincón de tu corazón
quieres buscar una ruta de cómo salir
sin importarte sea cual sea
en el fondo de tu corazón algo muy pequeño
como un lucero en el cielo
desea salir a buscar un poco de cariño
que calme el frio de soledad que llena tu ser
en tanto la mente compasiva
deja fluir una lluvia de pensamientos
para darte el calor de los recuerdos
para vivir un espejismo que te da la vida
que tiene el amor y la compañía
que el corazón desde el fondo te reclama
y deja desahogar ese volcán de emociones
y tapes la ventana con un beso
y la puerta con la ilusión
y se llene de calor tu corazón
mi querido y gran amor.

Un amor nuevo

Una mariposa jugaba con el viento
sus alitas en el campo de la ilusión
buscando incansable pero tranquila
encontrar un clavel blanco
amanecer con la blancura del sol
en quien descansar de su viaje del corazón.
Y aunque sus alitas eran hermosas
bellas y brillantes
pequeñas roturas se les podía notar
ocasionada por fuertes vientos encontrados
que no fueron buenos para ella en su vuelo.

Herida viene
pero se mantiene en el viento
bella como la mañana, radiante con la luz del sol
y una aguililla
dueña de su vida
mirando siempre así a el cielo
sin mirar atrás
buscando en la distancia el nuevo viento
para en el volar.

Si la vida pudiera morir

Si la vida pudiera morir

y en su lecho de muerte me pidiera perdón

por no dejarme estar a tu lado

se lo negaría sin dudarlo

con solo recordar cuantas veces le pedí un momento

solo un momento

un instante para estar junto a ti

en los momentos que me necesitabas

para compartir el dolor, la alegría

o tu tristeza y ella

cruelmente lo negó

una y otra vez

sin importarle mi dolor

y quisiera que al morirse ella

vagara por las noches

por las calles

por todas partes

sin encontrar calma un solo instante

fuera de sí

de un lado a otro

así como lo hice yo

sí, yo que vagué como un loco por las calles
de frustración e impotencia al no saber cómo estaba ella
mi adorada, mi bien.

Si la vida pudiera morir
sola la dejaría
sola en su lecho
en la soledad y tristeza
como se encontró mi corazón
este corazón destrozado
y no le perdonaría al morir.

Si la vida pudiera morir
sola estaría sin uno solo de mis pensamientos
de mis sentimientos
caerían las hojas
morirían los recuerdos
pararía los latidos de mi corazón
apagaría la luz del día
y en la penumbra del silencio
se perdiera sin nada que la recuerde.

Si la vida pudiera morir
yo la mataría.

Recordando

Me he pasado los días

semanas y meses pensando en ti

viendo como el tiempo pasa

abrazo contra mi pecho

aquél recuerdo tuyo

que llevo aquí dentro de mi alma

como una huella que sea ido formando

con el paso del tiempo

que voy clamando para llegar a ti y llevarte conmigo

así como el mar lleva las olas

y pienso en ti cuando duermo

cuando despierto

cuando vivo pensando en ti

cuando muero porque no estás tú

y pienso que el aire no es aire

si no que es tu aliento el que respiro

por eso es que pienso

que tú eres a quien más quiero

te llevo dentro de mi pensamiento

y de mi corazón

eres la primavera que anhelo para mi desierto

y para mis noches de insomnio

plenas de sueños junto a ti

y cuando estas junto a mí,

todo es posible, todo es fácil

cielo, luz, vida y amor

sí, amor cuando tu voz dice:

Te quiero, amor.

Quién soy

Hoy no supe quien era yo en verdad

mi pensamiento extraviado se encontró

al pensar en ti

y buscaba triste un camino

para volver a mi mente

pero no podía

pensaba en ti

un gran miedo sentí

dentro de mi corazón

que hasta mi alma sintió

y mi ser se estremeció al pensar en ti

y unas ganas de llorar me invadieron

tan solo pensar que no te volveré a recordar

me puse a pensar en ti

a grabar tu rostro en mi memoria

dibujándote para no olvidarte

y así pensar en ti en mis ratos de tristeza

en mis sueños de soledad.

Hoy supe que no era yo

supe que era el corazón quien se transformaba en mí

para decirte que no te vayas, que te quedes

que si el recordarte es bello

tenerte es más lindo.

Que es el trueno que te llama

el viento que te acaricia

el aliento que te besa

el corazón que muere por ti

la entrega que desaparece como el rocío

con los besos del sol

ese es el corazón que te quiere

mi razón de ser.

El recado

Querida esperanza,

te escribo para preguntarte cuándo es que vas a venir

los latidos de mi corazón son cada día más y más lentos

al no tenerte cerca de mí.

Mi amiga soledad,

la única que me hace compañía

y a quien confieso cuanto te quiero

me contó el viento que ha estado contando

a las yerbas del campo

que nunca vendrás

y estas enverdecen de alegría por eso

pero yo no les creo,

pero yo no les creo.

El recuerdo estuvo aquí conmigo, de visita

me trajo un cofre de regalos

donde encontré muchas cosas bellas

para calmar mi dolor y la tristeza

me olvide de los chismes

de los aires envidiosos.

Esperanza,

si allá donde te fuiste el destino no te diera amor

vuelve en el próximo tren del pensamiento

el que sale mañana al salir el nuevo sol naciente

que aquí está el paraíso abierto para cuando llegues

con aquella llave, para que cierres la puerta

del pasado y nazca la realidad en el espejo del sueño.

Esperanza, espero pronto tu llegada.

Atentamente,

El Corazón.

Cuatro líneas

No hay preguntas ni reproches

solo una hoja que da vueltas en el libro de la vida

nunca fuiste una buena historia

que escrita estuviera

sólo coraje, desilusión y dolor fuiste para mí

el tiempo pasará y te borrará de las líneas de mi corazón

y si una huella de ti llegara a quedar

sería sólo eso: una huella más en el pasado

que en la vuelta de la hoja ha quedado

una página más en blanco encontraré

a la vuelta de ella y muchas líneas tendré

para escribir una vez más una nueva esperanza

un verdadero cariño que no lastime

que no hiera como lo hiciste tú conmigo

corazón.

Naciendo

Cuando nace el sol
nace una ilusión, una vida
una luz, un amor, una esperanza.

Así nací yo en tu vida, tu voz, tu mirada
al llegar la noche todo se detiene en un sueño
como lo que tú para mí eres.

Pero solo es eso, solo un sueño que llega a mí
cuando duermo pensando que estás aquí
y cuando llega la mañana ya no nace el sol para mí
muere como muere esa sombra que abraza el cielo
y engalana la luna
y todo es negro habiendo tanta luz
porque faltas tú.

Cuando nace una vida, una luz
mi amor viene por pensar en ti
espero la noche con anhelo y esperanza
para verte llegar como la luna
la muerte del sol espera

y estemos los dos soñando un sueño

que nos de la vida y estar juntos por siempre

sin separarnos.

Ella era

Solo el aroma de esa rosa en mis manos
mantengo impregnado hasta lo más hondo de mis sentidos
fue mi vida, mi alegría, lo dulce de la miel
mi amarga realidad pues conmigo ya no está.

Era tormenta, un amanecer de primavera
era un espejismo
un hermoso sueño en mis noches vacías
en mis manos el perfume
la fragancia de su cuerpo busco
y en mi mente su recuerdo guardo
pero lloro en las noches
por las heridas en mi corazón
hechas por las despedidas de sus espinas
pasarán los días, las semanas, los años
uno a uno sin detenerse y llegará la primavera
el verano, el otoño y el frio cristalizará la lluvia
que cae sin poder llegar el anhelado beso
y viviré siempre con el recuerdo de esa rosa
que impregna mi alma, mi vida, mi corazón
con su aroma y su calor.

Enamórate de mí

Enamórate de mí
sólo una vez para ser de ti

Enamórate de mí
para que atrapes de mi pecho su latir

Enamórate de mí
para que deje de sufrir mi mente
cuando mi corazón ya no quiere más pensar en ti
y tiene miedo de perderte así.

Enamórate de mí.
y dale a tu alma este cariño que de mí se escapa.

Enamórate de mí,
te digo, te suplico
escucha mi silencio que te grita
con fuerte voz de un suspiro tembloroso
que te enamores de mí para que atrape en mis brazos tu ser
como aquella enredadera la pared
como lo hace la luz con esa sombra

o el armonioso tic-tac de ese reloj al silencio de mi habitación.

Enamórate de mí
fresco amanecer
déjame sentir las caricias de tu fresco aliento
que por él quiero morir, sí morirme así.

Enamórate de mí.

Deseo olvidarte

Cuanto he deseado yo olvidarte
arrancarte de aquí de adentro
de esta tierra donde naciste un día de abril
hermoso rosal
embriagandome con tu belleza
y el perfume de tu piel que me hicieron amarte
y beber de tus labios esa dulce miel que paladeé.

Te sentí crecer con el viento que se va
llenándome de alegría, que tonto, que tonto
debí haberte arrancado sin pensarlo siquiera
antes de hacerme daño
después de todo eras una más de ellas
pero embrujado, hechizado
te dejé y me embelesé con tu belleza
con tu esencia de flor matinal
e ignore tu cuerpo de espeso espinal
que dañaba mi alma al buscar tu amor
una espina era que mi corazón encontraba
te quiero olvidar, arrancarte de adentro de mi pecho
deshojar esta tierra donde naciste un día

para sacar tu raíz y olvidarme de que naciste allí
y si quedara algún pétalo de ti al correr el tiempo
que el viento no se llevó por quererte así
quiero morirme para no pensar más en ti.

La llamada

Grandes nubarrones

en el techo de la tierra formaron

una gran capa que fueron cubriendo

ese cielo azul que frío tenía con aquel adiós

que el sol le daba y sentí un aliento de alegría

una brisa de esperanza

y dejé que las horas jinetes se volvieran

y cabalgaran ese gran potro indomable del tiempo

aunque valientes eran

una a una caían

mientras aquel potro continuaba majestuosamente

y yo lleno de eufórica alegría

contagiado de su valor gritaba locamente

adelante, adelante, vamos, vamos

ustedes pueden

y aquellos jinetes fueron derrotados por el gran corcel

mis manos cansadas y mi garganta irritada

sintieron un viento de descanso

contemplé a la noche que sin pudor alguno

desnudaba ese cielo poco a poco

sin prisa alguna y vistiéndose de colores matinales

de los rayos solares y con esto

nació una nueva esperanza

una ilusión y mil sueños

como todos los días de oír el canto de la primavera

el perfume de las flores, los versos del viento

la calidez del sol pero más, mucho más

un canto que alegra mi oído y mi corazón

que me dice que la llame

aunque yo a su lado no llegue.

Te amo

Me encarcelo a ti

en tus brazos y caprichos

me entrego a ti sin amor, sin cariño

mas te digo que te amo por no hacerte sufrir

bebo de ti la miel

me robo el calor del día en ti

sumergiéndome en el delirio del deseo

que como caballo desbocado galopa en mis venas recorriendo mi ser

al unirse a ti y muriendo de impaciencia mis manos trémulas, torpes y

lentas cual cobija son cubriendo el frio de tu piel como el sol

al rocío del amanecer

tiempo pierdo, no sé quien soy

ni donde estoy

si en la gloria o el infierno

y vuelvo a beber de ti ese vino

que pierde mis sentidos

volviéndote a decir te amo

perdiéndome en el cielo

universo que me cautiva a él

y te anhelo y me encarcelo a ti y tus caprichos

lo único que entiendo es que no comprendo

y no encuentro respuesta

al por qué cuando te veo partir

alejándote de mí

porque sollozo al estar sin ti

pero me encarcelo a ti y a todos tus caprichos.

Acerca del Autor

Juan Ramírez Delgado (Tlaxcala, 1967). Escribe poesía porque siente la necesidad de hacerlo; poeta autodidacta del desamor y del amor etéreo; su poesía es, a palabras suyas, un canto a la soledad y a la esperanza. Rosas y Espinas es su primera entrega.

Otros títulos de Ícaro Editores

Puede encontrar todos estos títulos en: **www.icaroeditores.com** y en www.amazon.com
Si has escrito un libro y lo quieres publicar, contáctanos para su posible publicación. arturogarciawrites@yahoo.com

Made in the USA
Columbia, SC
01 March 2022

56733402R00081